269
50

THÈSE

POUR LA LICENCE.

FACULTÉ DE DROIT DE TOULOUSE.

THÈSE

POUR LA LICENCE,

EN EXÉCUTION DE L'ARTICLE IV, TITRE II, DE LA LOI DU XXII VENTOSE AN XII,

SOUTENUE

Par M. DUFFAUT (Auguste),

Né à Fabas (Haute-Garonne).

TOULOUSE,

IMPRIMERIE DE LAMARQUE ET RIVES,

Rue Tripière, 9.

1860

A LA MÉMOIRE DE MON PÈRE!!!

A MA MÈRE.

A MES FRÈRES, A MA SŒUR.

A TOUS MES PARENTS ET AMIS.

JUS ROMANUM.

De rei uxoriæ actione, Cod., lib. V, tit. XIII.

INST. JUST., LIB. IV, TIT. VI, § 29.

Dos intelligitur id omne quod mulier, vel alius ejus nomine ad sustinenda matrimonii onera marito affert. Potest enim dos constitui sive a muliere ipsa, sive a patre aut matre, sive etiam quocunque alio. In principio non solùm dotem constitui ante matrimonium sed etiam augeri aut dari constante matrimonio permittitur. Indè Paulus sic loquitur : « *Dos antecedit aut sequitur matrimonium, et ideo vel antè* » *nuptias vel post nuptias dari potest.* » Hoc genus inter vivos donationum Justini constitutione permissum fuerat, licet moribus apud romanos receptum fuit, ne inter virum et uxorem donationes valerent. Dos in romanâ legislatione magnum favorem habuit, atque quasi res publica facta est ; hoc nobis hâc sententia ostenditur : « *Reipublicæ interest, mulieres dotes salvas habere, propter quas* » *nubere possunt.* » Itaque, circà restitutionem dotis interest quomodò solvatur matrimonium. Aliud enim juris obtinet cùm morte mulieris, aliud cùm morte viri, aut divortio matrimonium solvitur.

Cui dos est restituenda.

Solutis nuptiis divortio vel morte viri distinguendum est an uxor aut sui juris sit, aut sub potestate patris. Si sui juris, *rei uxoriæ* actionem habet; dotem repetit ipsa, nec interest adventitia dos sit vel profectitia. Eam restituere debet maritus, dùm in culpâ non fuerit uxor. Si verò alieni juris uxor, patri adjuncta filiæ persona *rei uxoriæ* competit actio; sed mulier consentire debet eo momento quo lis contestatur ; cœterùm nisi evidenter contradicat, consentire videtur. Attamen, filia sine voluntate patris dotem exigere potest, si pater furiosus sit, si ab hostibus captus sit, si propter graviores mores indignus sit.

Solutis nuptiis mulieris morte distinguendum est an dos sit profectitia aut adventitia. Si profectitia dotem patri uxoris restituere debet maritus, ne et filiæ amissæ et pecuniæ damnum sentiat ; propter tamen liberos deductione facta. Si adventitia servat, nisi is qui dedit ut sibi redderetur stipulatus fuerit. In eo casu dos receptitia dicitur. Unus tamen casus excipiendus est, quo, morte mulieris, vir dotem non lucratur. Nimirum « si vir uxorem suam occiderit. »

Quandò dos restituatur.

Dos, solutis nuptiis, sive statim, sive post certum tempus restituitur. Statim, si eadem quæ accepit in dote maritus habet; post certum tempus, si alia, nisi ut præsens reddantur convenerit. Dos immobilis nuptiarum solutioni restitudenda est ; immobilia enim semper in dominio mariti exstant. Mobilis autem post tempus certum redditur, quia sæpissimè advenit mobilia a marito alienata fuisse; sed ex eo tempore quo matrimonium solutum est, rerum existimatione facta, atque satisdatione data, conventum pretium cum usuris vir solvere debet. Si res dotales pondere, numero, mensura que contineantur, annua, bimà, trimà die restituantur. Cum maritus ad inopiam vergit, vel cum mulieri dos necessaria fit ut parentes, liberi servi que aleantur, consequens est ut dos sive mobilis sive immobilis a marito statim restituatur. Justinianus verò rerum mobilium et incorporalium intrà annum a soluto matrimonio restitutionem jussit, æquum enim visum fuit aliquod tempus marito concedi, ut pecuniam sibi comparare posset. Attamen si conventum fuerit de tempore quo dos restitueretur, tunc intrà illud tempus restituenda est.

Quâ actione dos petitur.

Solutis nuptiis, non a muliere vel ab illis quibus dos restitui debet, dos propria auctoritate occupari potest; sed muliere marito vel ipsius heredibus possessionem petere debet, atque actionem instituere si ab illis postulatio repellitur.

Antè Justinianeum jus, actio *rei uxoriæ*, quæ bonæ fidei erat, mulieri persæpè competebat, atque patri in cujus potestate est. Si modo de reddenda dote stipulatio interposita fuisset actio *ex stipulatu*, quæ stricti juris erat atque multis privilegiis innixa, uxori atque extraneo dotem constituenti dabatur. Actio *rei uxoriæ* extinguebatur cùm defuncta esset mulier antè moram mariti in dote reddenda; sed actio *ex stipulatu* semper ad heredes uxoris transibat atque dos statim sine retentionibus restituebatur. Maritus in id quod facere potest *rei uxoriæ* actione damnatur, sed nunquam *ex stipulatu* actione. Deniquè cessabat *rei uxoriæ* actio si uxor legatum sibi a viro relictum agnovisset; et vice versâ extinguebatur legatum si *rei uxoriæ* egisset mulier, nisi a testatore specialiter cautum fuisset; *ex stipulatu* verò actio cum legato concurrebat.

Sed Justinianeo jure, unica datur actio *ex stipulatu* ad restituendam dotem in quam *rei uxoriæ* actio transfusa est. Hæc actio, quæ est bonæ fidei, mulieri vel ipsius heredibus competebat etiam si stipulatio non intervenerit, aut inutilis. Retentiones quæ ex dote fiebant, aut propter liberos, aut propter mores, aut propter impensas, aut propter res donatas, aut propter res amotas, penitùs Justinianus, non tamen sublatâ compensatione, quæ in omnibus bonæ fidei actionibus admittitur. Dos per legatum nunquam consumitur, nisi pro dote fuerit relictum, atque maritus in id quod facere potest damnatur, dùm rei dotalis interitum sine culpâ vel dolo mariti adveniat : « *Hoc est*

» *æquissimum et debitum reverentiæ maritali, ut ait Theophilus, ne*
» *repentè inops fiat qui olim dominus mulieris fuit.* »

Quandò, constante matrimonio, moriatur mulier, dos semper maritum remanet; si modò propter restitutionem stipulatio non est interposita, nam in eo casu immobilis statim restituenda est, mobilis autem post annum.

Mulier quoque in bonis mariti tacitam hypothecam habet contrà omnes mariti creditores etiam quæ anteriores.

Qui dotem restituere debet.

Hæc actio *ex stipulatu* contrà maritum competit, sive dos ipsi data fuerit, sive aliis ex concensu mariti. Si maritus sub patriâ potestate est, socero cui dos data fuit restituere dotem incumbit obligatio. Quòd si filio data fuerit non jussu patris, semper ille tenebitur, sed solum de peculio. Deniquè persecutio dotis competit adversus heredes viri vel soceri qui res dotales receperunt.

POSITIONES.

I. — Actio *ex stipulatu* non prohibet retentiones propter impensas necessarias.

II. — Actione *ex stipulatu* maritus mobilem dotem statim reddere cogitur.

III. — Sponsus rem pro dote nunquam usucapere potest.

CODE NAPOLÉON.

Des successions, livre III, titre I.

CHAPITRE VI. — SECTION II. — *Des rapports*, 843 à 869.

La loi qui règle le partage des biens héréditaires semble être la véritable expression des affections du défunt.

Aussi, lorsqu'un donateur s'est dépouillé de son vivant par dons entre-vifs, d'une portion de sa fortune en faveur de l'un de ses successibles, il faut présumer que son intention a été de faire une simple avance sur ce qui devait un jour revenir à cet héritier : de là le rapport, c'est-à-dire l'obligation pour tout héritier de remettre réellement ou fictivement à la masse de la succession, tout ce qu'il a reçu du défunt, afin que cette masse soit également partagée entre ses cohéritiers suivant les proportions établies par la loi.

Mais ce n'est qu'une présomption de la loi, et l'obligation du rapport peut s'évanouir devant la volonté contraire du disposant. Il faut alors que la dispense de rapporter soit exprimée sans équivoque, et encore cette dispense n'aura-t-elle d'effet que dans les limites de la quotité disponible (art. 913).

L'application de cet article, qui détermine la réserve et la portion disponible, a donné lieu, comme l'article 845, avec lequel il faut le combiner, à une question autrefois fort controversée et sur la solution de laquelle les auteurs ne sont pas encore d'accord. Elle consiste à savoir si le fils,qui a reçu, par avancement d'hoirie de son père, peut, en renonçant à sa succession, garder cumulativement et sa réserve légale et la portion disponible, ou bien, s'il ne peut garder que la portion disponible et s'il doit restituer la réserve. Les jurisconsultes les plus estimables qui ont traité la matière des successions ont adopté presque tous sur ce point des opinions diverses. La Cour de Cassation elle-même, après avoir admis la première de ces opinions, par un arrêt porté dans l'affaire de Larroque-Demons, est revenue plus tard à d'autres principes et a autorisé le cumul des deux qualités de légataire et d'héritier.

Pour nous, en argumentant des articles 785 et 913, nous pensons que le fils renonçant ne peut garder à la fois la réserve et la portion disponible, persuadé que cette incompatibilité des qualités d'héritier et de légataire est la juste conséquence de la présomption d'égalité qui doit dominer dans les partages.

Après avoir déterminé notre sujet, nous examinerons :

1° Par qui est dû le rapport?

2° A quelle succession doit se faire le rapport?

3° Qui peut demander le rapport?

4° Quelles choses sont sujettes au rapport?

5° Comment s'opère le rapport et quels sont ses effets?

CHAPITRE PREMIER.

Par qui est dû le rapport.

L'article 843 soumet au rapport tout héritier même bénéficiaire venant à la succession, à moins que les dons ou legs ne lui aient été faits expressément par préciput et hors part, ou avec dispense de rapport.

Le Droit Romain ne soumettait à l'obligation du rapport que les héritiers en ligne directe descendante; mais aujourd'hui la loi n'a permis aucune exception en exigeant l'égalité entre tous les cohéritiers.

L'héritier bénéficiaire y est assujetti comme l'héritier pur et simple, Il a sur l'actif les mêmes droits, pourquoi ne pas le soumettre aux mêmes charges? L'abandon qu'il ferait de sa part héréditaire ne le dispenserait même pas de ce devoir, car ce n'est pas une renonciation, c'est un privilège qui ne lui est accordé que contre les créanciers et les légataires, et qui laisse sur sa tête la qualité d'héritier: *Semel heres , semper heres.*

Cette obligation n'atteint que les héritiers légitimes. Mais lorsque le donateur substitue sa volonté à celle que la loi lui supposait, en avantageant l'un de ces successibles , il faut la respecter et se garder de rétablir l'équilibre qu'il a voulu détruire, pourvu que la quotité disponible ne soit pas dépassée. Le rapport est dû par l'héritier donataire qui n'était pas héritier présomptif au jour de la donation, mais qui l'est devenu lors de l'ouverture de la succession. Est-il certain , en effet, que le donateur aurait permis au donataire de cumuler les deux qualités de donataire et d'héritier s'il eût prévu qu'un jour il serait appelé à sa succession par son degré de parenté? Peut-être ne l'a-t-il gratifié que pour le dédommager de la présence d'autres plus proches parents?

Ainsi donc la réunion sur la même tête des deux qualités d'héritier et de donataire peut seule faire naître l'obligation du rapport. Si donc le successible ne vient pas à la succession, s'il renonce ou s'il est indigne, il doit être assimilé à un étranger et pourra retenir le don ou réclamer le legs dont il a été gratifié, mais jusqu'à concurrence de la quotité disponible.

CHAPITRE II.

A quelle succession doit se faire le rapport.

La loi n'ayant d'autre but que de rétablir l'égalité dans la division des biens d'une personne, il est évident que c'est seulement à la masse des biens laissés par le défunt que doivent se rapporter les objets qu'il a donnés à ses héritiers.

2

CHAPITRE III.

Qui peut demander le rapport.

Le rapport ne peut être demandé que par les cohéritiers afin de rétablir la part que chacun d'eux aurait reçue, s'il n'y avait pas eu de successible avantagé ; voilà pourquoi l'article ajoute que les créanciers et les légataires du défunt ne peuvent ni demander le rapport ni en profiter quand il est fait. La présomption d'avancement d'hoirie n'a pas été établie en leur faveur.

Cependant il ne faudrait pas en conclure que les légataires n'ont pas le droit de demander le rapport pour établir la quotité disponible. En effet, les biens donnés à un étranger ou à un héritier, avec dispense de rapport, s'imputent sur la quotité disponible. Mais quand ces biens donnés à un héritier ne sont qu'un avancement d'hoirie, ils s'imputent sur la réserve.

Les enfants adoptifs sont entièrement assimilés aux enfants légitimes.

CHAPITRE IV.

Quelles choses sont sujettes au rapport.

Toutes les libéralités qui n'ont pas été faites avec une clause expresse de préciput sont rapportables qu'elles soient directes ou indirectes , et peu importe que la donation ait été faite ou non par contrat de mariage.

Mais l'article 853 déclare non rapportables les profits que l'héritier a pu retirer des conventions passées avec le défunt, si, lorsqu'elles ont été faites, elles ne présentaient aucun avantage indirect, et, comme corollaire de cette disposition, en dispense pareillement les associations faites sans fraude entre le défunt et son héritier, lorsque les conditions en sont réglées par un acte authentique.

Un père peut avoir intérêt à prendre son fils pour fermier ou pour associé. On ne pouvait pas, non plus, leur interdire le contrat de vente ; et, si le prix est l'équivalent de la chose vendue, il ne doit pas y avoir de rapport, quand même l'immeuble aurait acquis depuis la vente une plus grande valeur. Toutefois, s'il y a libéralité indirecte, le rapport sera dû de la différence du prix de la vente à la valeur réelle de la chose.

Il y a diverses choses que la loi ne soumet pas de plein droit au rapport ; par exemple, les frais de nourriture, d'entretien et d'éducation, d'apprentissage, les frais ordinaires d'équipement, ceux de noces et présents d'usage.

Quand les enfants sont incapables de pourvoir à leur subsistance, la pension alimentaire ne peut être sujette au rapport, car le père remplit un devoir que lui imposaient la nature et la loi (art. 203). *Quid,* quand l'enfant a par lui-même des ressources suffisantes ? Nous pensons que les termes de l'article 852 sont généraux et que, par conséquent, il ne devra pas y avoir rapport. Ainsi, dans tous ces cas, il ne faudra pas gêner la volonté des parents, mais il faudra tenir compte de leur position de fortune, et ne soumettre au rapport que les libéralités qui formeraient un avantage indirect.

Nous avons vu dans l'article 852 que le rapport n'est pas dû quand le bienfait prend sa source dans des conventions sociales, ou dans une obligation naturelle ; il n'en arrive point de même pour certains avantages qui n'ont pas les caractères que nous venons d'établir, alors même qu'ils n'auraient été pris que sur les revenus du donateur.

Ainsi, le rapport est dû de tout ce qui a été employé pour l'établissement d'un des cohéritiers ou pour le paiement de ses dettes (851).

L'établissement qui procure une position stable dans la société doit évidemment être soumis au rapport, car, sans cela, il serait permis d'avantager l'un des enfants au préjudice des autres, ce qui blesserait le principe fondamental sur lequel repose tout le système des rapports. L'établissement, en effet, ne constitue pas le paiement d'une dette naturelle, mais une simple avance. Il importe donc de distinguer ce qui a été employé pour l'établissement d'avec ce qui l'a été pour l'éducation, car l'un est rapportable et l'autre ne l'est pas. Quant au paiement des dettes, l'article 851 s'exprime encore en termes formels. Pour l'exonération du service militaire, la somme payée pour le remplacement doit en principe être rapportée. Toutefois, si l'exonération a eu lieu dans l'intérêt de la famille tout entière, il n'est pas nécessaire de rapporter.

L'héritier donataire est aussi dispensé de rapporter l'immeuble qui a péri par cas fortuit ; mais si l'accident n'avait amené que la diminution de la chose, le rapport porterait sur ce qui aurait survécu. Il existe une exception à cette règle pour la perte du mobilier et pour la restitution de la dot.

Quand la donation consiste dans un usufruit, une rente perpétuelle ou viagère, le donataire ne doit le rapport que de l'objet donné ; c'est, en effet, un principe de notre droit que les fruits ou intérêts des choses sujettes au rapport ne se rapportent pas.

CHAPITRE V.

Comment s'opère le rapport et quels en sont les effets.

Le rapport se fait de deux manières, en nature ou en moins prenant ; il est, par conséquent, réel ou fictif. Il est réel, en nature, quand la chose est replacée dans la masse pour être partagée entre tous les cohéritiers; il est fictif, en moins prenant, quand les cohéritiers auxquels le rapport est dû prélèvent sur la masse la valeur de ce qui a été donné à leur cohéritier.

La manière dont le rapport doit se faire dépend principalement de la nature de la chose qui a fait l'objet de la donation ; il faut, à cet égard, distinguer si elle est immobilière ou mobilière.

Le rapport du mobilier s'effectuera toujours sans exception en moins prenant. Le législateur, se basant sur ce que les meubles son' donnés en pleine propriété, et sur ce que, suivant la maxime *res per domino*, le donataire doit en rapporter l'augmentation comme il en supporterait la perte, a décidé que le rapport du mobilier se ferait en moins prenant. C'était, du reste, l'opinion adoptée par Pothier. Lorsque la donation consiste dans une somme d'argent, le rapport se fait par celui qui a reçu la somme en moins prenant dans les deniers comptants qui se trouvent dans la succession, ou, à défaut d'argent et de mobilier, dans les immeubles. Si la monnaie a été augmentée de valeur depuis la donation, le donataire ne devra rapporter que celle qu'elle avait lorsqu'il a reçu cette somme ; si elle a diminué, il doit rapporter toute celle qui lui a été donnée effectivement.

Le rapport des immeubles se fait le plus souvent en nature, car le débiteur d'un immeuble est débiteur d'un corps certain et non de sa valeur, mais il se fait quelquefois en moins prenant.

Il peut être exigé en nature à l'égard des immeubles, toutes les fois que l'immeuble donné n'a pas été aliéné par le donataire et qu'il n'y a pas dans la même succession des immeubles de même nature, valeur et bonté dont on puisse former des lots à peu près égaux pour les autres cohéritiers (859).

Le rapport n'a lieu qu'en moins prenant :

1° Quand le donataire a aliéné l'immeuble avant l'ouverture de la succession ; il est dû de la valeur de l'immeuble à l'époque de l'ouverture (860) ;

2° Quand il y a dans la succession des immeubles de même nature valeur et bonté dont on puisse former des lots à peu près égaux pour les autres cohéritiers ;

3o Quand l'immeuble livré au donataire successible a péri par la faute de ce dernier qui se trouvait débiteur d'un corps certain ; il devra alors des dommages et intérêts.

Cette décision du législateur que l'aliénation d'un immeuble donné en avancement d'hoirie est valable paraît aller contre les règles ordinaires du droit commun. On peut se croire autorisé à dire que l'héritier étant soumis à une condition résolutoire, ne peut transférer à l'acquéreur une propriété pleine et entière, car la sienne ne l'est pas. *Nemo ad alium plus juris transferre potest, quam ipse haberet* (Ulpien). Mais les rédacteurs du Code ont suivi d'autres principes : ils ont voulu que la vente consentie par un héritier donataire ne pût être attaquée par les autres cohéritiers venant au partage. Il y a là, sans doute, une exception aux règles du droit, mais le législateur ne pouvait pas oublier les égards que méritent les possesseurs ; il a compris que nul ne voudrait contracter avec celui qui ne pourrait pas lui transmettre un droit certain, et voilà pourquoi il a défendu une rescision qui serait la cause de troubles considérables.

Si l'aliénation était faite postérieurement à l'ouverture de la succession, les mêmes motifs ne se représenteraient plus, et le rapport serait dû en nature.

De quelque manière que se fasse le rapport, la succession devra toujours être remise au même état où elle aurait été trouvée si l'immeuble était resté entre les mains du défunt. La succession ne doit ni gagner ni perdre à cette circonstance que le donataire a gardé ou a aliéné l'immeuble, elle en recevra toujours au moins sa valeur, au jour de l'ouverture de la succession.

Il résulte de ce principe que l'immeuble rapporté en nature doit l'être avec toutes ses détériorations ou améliorations naturelles, sans indemnité pour le donataire ou de sa part.

Si le rapport a lieu en moins prenant ces améliorations ou détériorations antérieures à l'ouverture de la succession restent pour le donataire ; mais elles entrent dans l'estimation et augmentent ou diminuent la somme à rapporter ; quant à celles qui arrivent après l'ouverture de la succession , elles ne changent en rien l'obligation où il était de rapporter la valeur représentative de l'immeuble au moment de l'ouverture de la succession. Toutefois, des comptes devront être faits entre les héritiers et le donataire. Il faudra tenir compte à ce dernier :

1o Des impenses utiles, mais seulement jusqu'à concurrence de la plus-value existant au moment de l'ouverture de la succession ;

2o Des impenses nécessaires en totalité.

De son côté, le donataire devra tenir compte des dégradations ou détériorations résultant de sa volonté ou de sa négligence.

Quant aux impenses d'entretien ou de pur agrément, elles restent à la charge du donataire.

POSITIONS.

I. —Les enfants naturels peuvent-ils exiger le rapport des héritiers réguliers? — Oui.

II. —L'enfant qui succède à son aïeul par représentation de son père doit-il rapporter les dons qu'il a reçus personnellement du *de cujus?* — Non.

III. —Les héritiers qui jouissent du bénéfice de la saisine peuvent-ils exiger le rapport de l'enfant naturel? — Oui.

IV. — Le donataire incendié doit-il rapporter la somme donnée par la compagnie d'assurance ? — Non.

V. — Le successible auquel le défunt aurait payé une dette naturelle est-il soumis au rapport ? — Non.

VI. — Peut-on soumettre au rapport des arrérages ? — Non.

VII. — Le défunt a payé les dettes que l'un de ses successibles avait contractées pendant sa minorité, y aura-t-il rapport ? Distinction.

PROCÉDURE CIVILE.

Différences principales entre la procédure devant les juges de paix et la procédure ordinaire.

L'essai de conciliation n'est point exigé dans les matières qui sont de la compétence du juge de paix. Ce magistrat qui, dans les procédures ordinaires, a pour mission d'arranger à l'amiable les intérêts opposés des parties, pour éviter qu'elles s'engagent dans un procès, fera toujours entendre la voix du conciliateur avant celle du juge. Il s'efforcera de terminer les différends qui sont de sa compétence, et démontrera aux parties, par ses sages conseils, qu'il leur importe de mettre fin à toutes poursuites judiciaires. C'est ce que le jurisconsulte Thouret, s'adressant à l'Assemblée Constituante, exprima en ces termes : « *Il* » *faut mettre les juges de paix en état de terminer les différends qui leur* » *sont déférés, par des formes expéditives, très peu dispendieuses, et qui* » *fassent arriver au jugement sans que l'on se soit aperçu, pour ainsi* » *dire, qu'on ait fait une procédure.* »

Quant aux autres principales phases de la procédure ordinaire, nous les retrouvons devant les justices de paix, mais cependant avec quelques différences. On remarque devant cette juridiction la citation qui répond à l'ajournement, et les règles pour les audiences, la comparution des parties et la manière de prononcer le jugement existent

dans les deux procédures, quoiqu'elles diffèrent entre elles essentielle-
ment. — Les exceptions, la récusation, les preuves, l'intervention, la
reprise et l'extinction de l'instance sont autant d'incidents qui peuvent s'élever devant les juges de paix.

La matière que nous avons à traiter se trouve ainsi divisée en deux
parties bien distinctes. Nous nous occuperons d'abord des différences
existant entre la procédure suivie devant les tribunaux civils et la
procédure devant les juges de paix, dégagée d'incidents, et, en second
lieu, de la différence des principaux incidents qui peuvent s'élever
devant ces deux procédures.

PREMIÈRE PARTIE.

DIFFÉRENCES ENTRE LES DEUX PROCÉDURES DÉGAGÉES D'INCIDENTS.

Billet d'avis. — Citation. — Ajournement.

Le législateur, pensant que l'intervention d'un homme sage et
respecté des parties pourrait terminer presque tous les différends à
leur naissance, a obligé les parties, avant d'entrer dans la lice judi-
ciaire, à se présenter devant un magistrat chargé de les concilier. Il
leur a permis de s'appeler devant un juge de paix par un simple billet
d'avis, qui n'entraîne jamais de frais, lors même que le défendeur
refuse de comparaître. Mais celui qui ne se présente pas après avoir
reçu une citation, sera condamné par défaut. A la citation répond
l'ajournement.

Dans l'article 1er du Code de Procédure Civile, la citation doit
indiquer la date des jours, mois et an, les noms, profession et domicile du demandeur; les noms, demeure et immatricule de l'huissier;
les noms et demeure du défendeur; énoncer sommairement l'objet
et les moyens de la demande, dire le jour et l'heure de la comparution
et nommer le juge de paix qui doit connaître de la demande. En

3

rapprochant de cette disposition l'article 61 , relatif aux exploits d'ajournement, on y voit indiquées les mêmes formalités, mais avec cette clause que c'est à peine de nullité. Par suite, si le défendeur comparaissait devant le juge de paix, bien qu'il y eût été appelé par une citation irrégulière, les nullités, même substantielles, seraient couvertes. Telle est l'opinion de M. Rodière et que Pigeau ne partage point (Pigeau, tom. 1er, p. 3).

Les articles 2 et 3 du Code de Procédure Civile contiennent des dispositions semblables à celles qui sont énoncées dans l'article 59 du titre des ajournements.

La citation, dit l'article 4, sera notifiée par l'huissier de la justice de paix du domicile du défendeur, et copie en sera laissée à la partie ; mais s'il ne se trouve personne en son domicile, la copie de l'exploit sera laissée au maire ou adjoint de la commune qui visera l'original sans frais. Ces formalités sont encore indiquées dans l'article 68; seulement on ne doit porter la copie au maire que si un des voisins ne veut la recevoir ou ne peut la signer. Pour les citations, ce sera facultatif ; l'article 4 ne parle point de la mention que doit faire l'huissier tant sur l'original que sur la copie.

L'huissier de la justice de paix et celui attaché à un tribunal ordinaire n'ont pas les mêmes pouvoirs pour instrumenter ; le premier ne pourra instrumenter pour ses parents en ligne directe, ni pour ses frères, sœurs et alliés au même degré ; le second, ayant des pouvoirs moins étendus, ne pourra instrumenter pour ses parents et alliés, et ceux de sa femme, en ligne directe à l'infini, ni pour ses parents et alliés collatéraux, jusqu'au degré de cousin issu de germain inclusivement. La défense de la loi s'étend à plus forte raison aux affaires qui intéressent l'huissier personnellement. Cette défense est basée sur la crainte que l'huissier, dans l'intérêt de ses parents ou dans le sien propre, ne commît quelque fraude qui pourrait nuire au défendeur. Mais toutes les fois qu'il instrumente contre ses parents ou alliés, l'ajournement est toujours valable,

Le délai pour comparaître en conciliation sera de trois jours au moius (art. 51) ; mais ce délai doit être augmenté d'un jour par trois myriamètres de distance. Les fractions au-dessous de trois myriamètres ne comptent pas. Quand on assigne directement devant les tribunaux de Première Instance, on donne huit jours à ceux qui sont domiciliés en France pour comparaître ; le délai est de deux, quatre, six mois, ou un an pour les différents pays étrangers.

Dans les cas qui requièrent célérité, le juge de paix, par une cédule, ou le président du tribunal, par une ordonnance rendue sur requête, peuvent permettre d'assigner à bref délai. Mais l'abréviation accordée par le président doit être réputée ne s'appliquer qu'au délai ordinaire, à moins que le contraire ne résulte clairement de son ordonnance. Dans la pratique, le président réduit le délai à trois jours francs et le juge de paix à un jour. Toutefois, la loi n'établissant à cet égard aucune limite, ils peuvent, dans les cas d'extrême urgence, citer de jour à jour, et même d'heure à heure.

Enfin, il importe de remarquer : 1° Que la constitution d'avocat n'est point exigée pour les affaires qui sont de la compétence du juge de paix ; et 2° que les parties peuvent comparaître volontairement devant les juges de paix, tandis qu'elles ne le peuvent pas devant les tribunaux de Première Instance.

Audiences. — Comparution des parties. — Jugements.

Les audiences des justices de paix doivent être publiques comme celles des tribunaux civils ; mais, bien que l'article 8 n'en parle pas, le juge de paix pourra ordonner le huis-clos, si la discussion publique devait entraîner un scandale ou des inconvénients graves.

Les parties seront entendues contradictoirement ; elles peuvent avoir un conseil et le charger de plaider. Mais, comme il en a été fait mention ci-dessus, le ministère des avoués n'est point exigé devant le juge de paix comme devant les tribunaux civils, où le défendeur sera tenu de faire sa constitution dans les délais de l'ajournement. Le demandeur fait sa constitution dans l'exploit d'ajournement. Les préfets, représentant l'État, sont dispensés de constituer avoué, soit en demandant, soit en défendant ; mais ce n'est qu'une dispense et non pas une prohibition. L'administration des douanes et celle de l'enregistrement en sont pareillement dispensées.

Pour rendre un jugement devant les justices de paix, il suffit d'un seul juge assisté d'un greffier. Pour les tribunaux civils, au contraire, il faut le concours de trois juges dont un président. Ce nombre est indispensable, et, en cas d'empêchement d'un des trois, on le remplace par un suppléant. A défaut de suppléants, on appelle un avocat attaché au barreau, et, à son défaut, un avoué.

Les minutes des jugements doivent être signées par le juge de paix et le greffier. L'article 18 n'indique point que ces formalités seront remplies aussitôt après l'audience ; mais le greffier ne peut délivrer aucune expédition avant que le jugement ait été signé. Devant les tribunaux civils, le président et le greffier signeront la minute immédiatement (art. 138) ; mais cette disposition ne s'exécute pas rigoureusement, vu que les motifs prononcés à l'audience peuvent nécessiter une rédaction ultérieure. L'expédition de tout jugement rendu par le juge de paix peut toujours être exigée. Au contraire, les jugements des tribunaux civils qui ne sont point définitifs, ne sont point expédiés quand ils ont été rendus contradictoirement ; tels sont les jugements qui ordonnent la remise d'une cause et des délibérés. Néanmoins, l'expédition des jugements préparatoires et interlocutoires n'est point interdite, mais on ne peut la faire passer en taxe contre l'autre partie.

Lorsqu'une partie a été condamnée par défaut, elle peut former opposition dans les trois jours de la signification de ce jugement (art. 20). Devant les tribunaux civils, la partie qui a constitué avoué a huit jours pour former opposition ; elle sera recevable jusqu'à l'exécution du jugement s'il n'y a pas eu constitution d'avoué. Aux termes de l'article 21, le juge de paix peut fixer d'office le délai de l'opposition, et le défaillant pourra être relevé en justifiant qu'il n'a pas été instruit de la procédure.

DEUXIÈME PARTIE.

DIFFÉRENCES DANS LES PRINCIPAUX INCIDENTS QUI PEUVENT S'ÉLEVER DEVANT LES JUGES DE PAIX ET DEVANT LES TRIBUNAUX ORDINAIRES.

De la récusation.

En comparant les dispositions des articles 44 et 378, on voit combien les causes de récusation devant les tribunaux ordinaires sont plus nombreuses que devant les justices de paix. Le but principal du législateur a été, en effet, de faire respecter les droits et la personne de chaque citoyen ; il est donc facile de comprendre pourquoi la loi offre plus de garanties aux plaideurs, toutes les fois que leurs intérêts sont plus considérables.

Les juges de paix pourront être récusés :

1° Quand ils auront intérêt personnel à la contestation ;

2° Quand ils seront parents ou alliés d'une des parties, jusqu'au degré de cousin-germain inclusivement ;

3° Si dans l'année qui a précédé la récusation il y a eu procès criminel, entre eux et l'une des parties et son conjoint, ou ses parents et alliés en ligne directe ;

4° S'il y a procès civil existant ;

Et 5° s'il ont donné un avis écrit dans l'affaire.

Devant les tribunaux civils, toutes les causes de récusation énoncées dans l'article 44, se trouvent encore énumérées dans l'article 378, sans néanmoins exclure les autres moyens de fait ou de droit, pour lesquels un juge peut être valablement récusé. Ainsi, lorsque la femme du juge est parente ou alliée de l'une des parties, ou si le juge lui-même est parent ou allié de la femme de l'une des parties, au degré de cousin-germain, il peut être récusé.

Lorsque, dans l'année qui a précédé la récusation, il y a eu procès criminel entre un juge de paix et l'une des parties et son conjoint, ou ses parents et alliés en ligne directe, nous avons vu que la récusation sera toujours possible. On l'admettra pour les mêmes degrés de parenté contre un juge d'un tribunal civil : mais il suffira, pour l'article 378, que le procès criminel ait existé dans les cinq ans qui ont précédé la récusation.

Quant aux procès civils, l'article 378 a donné plus d'extension aux degrés de parenté qui peuvent jouir du bénéfice de la récusation.

Enfin, toutes les fois que les juges seront créanciers ou débiteurs d'une des parties, ou bien, s'il y a inimitié capitale entre eux et l'une des parties, la récusation pourra être valablement demandée.

Des enquêtes.

Les enquêtes sont un moyen de preuves orales que le juge de paix, comme les juges de Première Instance, peuvent ordonner d'office dans tous les cas où la loi ne le défend pas. L'article 35 énumère sur cette matière les mêmes formalités que l'article 362, mais avec cette restriction que l'article 35 ne prononce aucune nullité. Il ressort encore des dispositions des articles 34, 35, 36, 37, 38, 39 et 40 que les enquêtes ne sont jamais prohibées devant les justices de paix, tandis que dans certains cas de la compétence des tribunaux ordinaires, l'audition des témoins ne peut avoir lieu qu'à la condition expresse qu'il y aura un commencement de preuve par écrit.

Du désistement.

Le désistement ne doit être fait et accepté que par exploits réciproquement signifiés à la personne ou à domicile. En matière ordinaire, il peut se faire par acte signé des parties et signifié d'avoué à avoué.

Dans le cas où un interlocutoire aurait été ordonné, la cause sera jugée définitivement, au plus tard, dans le délai de quatre mois (art. 15). Les poursuites du demandeur ne peuvent couvrir la péremption, puisqu'elle s'est opérée de plein droit ; mais si le défendeur se conforme au jugement, c'est une renonciation tacite.

En matière ordinaire, toute instance, encore qu'il n'y ait pas eu constitution d'avoué, sera éteinte, par discontinuation de poursuites, pendant trois ans.

POSITIONS.

I. — Un huissier peut-il instrumenter pour une partie qui l'a constitué son mandataire général ? — Oui.

II. — La nullité d'une citation irrégulière sera-t-elle couverte si le défendeur comparaît ? — Oui.

III. — Lorsque l'incompétence d'un tribunal civil a été couverte par les parties , les juges peuvent-ils prononcer d'office? — Oui.

IV. — Un juge de paix a plaidé dans une affaire qu'il est appelé à juger, pourra-t-il être récusé? — Non.

V. — La citation devant un juge de paix produira-t-elle ses effets pendant trois ans ou pendant trente ans ? — Trois ans seulement.

DROIT CRIMINEL.

De la réhabilitation des condamnés (Code d'Instruction Criminelle,
619 à 634).

Quand le condamné a subi sa peine ou obtenu sa grâce, l'infamie
dont la condamnation l'a couvert et les incapacités légales qu'elle a
entraînées subsistent encore. Pour ne pas jeter cet infortuné dans le
découragement, et pour l'exciter au contraire à réparer son crime
passé, le législateur lui a offert un moyen de reconquérir, par une
bonne conduite, une place honorable dans la société. La loi eût été, en
effet, bien rigoureuse en enlevant à l'homme qui rentre dans le devoir,
après avoir subi le châtiment de ses fautes, l'espoir de sortir de cet
état de dégradation.

Elle a laissé une voie ouverte à son repentir : la réhabilitation.

La réhabilitation est donc « *un acte du pouvoir social qui a pour effet*
» *de faire cesser, dans la personne du condamné libéré ou gracié, les*
» *incapacités résultant de la condamnation, et de le rétablir pour l'ave-*
» *nir dans la plénitude de la jouissance et de l'exercice des droits qu'il*
» *avait perdus, après qu'il a subi un certain temps d'épreuves et sous cer-*
» *taines conditions propres à certifier son retour vers le bien.* »

La réhabilitation diffère de la grâce ; la grâce remet au condamné
sa peine, tandis que la réhabilitation n'intervient qu'en faveur de celui
qui l'a subie ou qui a été gracié, et pour faire cesser les incapacités
dont il est frappé.

Elle diffère de l'amnistie en ce que l'amnistie emporte abolition absolue des délits, des poursuites et des condamnations, de telle sorte que, sauf l'action civile des tiers, le fait criminel est comme s'il n'avait jamais existé, tandis que la réhabilitation laisse subsister les jugements mais en fait cesser les incapacités.

« *Amnistie*, a dit M. Dupin, *c'est abolition et oubli; grâce, ce n'est que*
» *pitié et pardon.* »

Les règles qui établissent les conditions sous lesquelles la réhabilitation peut être demandée ; la procédure à suivre pour l'obtenir et les effets de l'acte qui l'accorde font l'objet des articles 619 à 634 du Code d'Instruction Criminelle, modifiés par la loi du 3 juillet 1852.

De tous temps, la réhabilitation a été une des sollicitudes du législateur; déjà, dans le Droit Romain, nous la voyons restituer le condamné dans l'intégrité de ses droits. La législation française a d'abord presque entièrement reproduit les principes du Droit Romain sur cette matière importante; mais, dans la suite, s'inspirant des anciens principes et des principes nouveaux, notre législateur, après avoir rapporté successivement diverses modifications, a déterminé, par la loi du 3 juillet 1852, quelle procédure il faudra suivre et quelles sont les personnes capables de jouir du bénéfice de la réhabilitation.

Cette loi a pour but d'admettre au bénéfice de la réhabilitation les condamnés correctionnels, en leur appliquant les règles suivies pour les condamnés à des peines afflictives ou infamantes, mais en tempérant pour eux la rigueur de ces mêmes règles. De plus, elle dépouille la réhabilitation d'une publicité trop grande, qui était, pour ainsi dire, un épouvantail pour les personnes qui auraient pu en recueillir les fruits.

Les bienfaits de cette loi sont incontestables, surtout quand on réfléchit aux résultats inouïs de l'ancienne législation sur cette matière ; il paraît, en effet, immoral que l'individu qui avait subi une peine afflictive ou infamante pût espérer de reprendre l'exercice des droits qu'il avait perdus, tandis que le condamné correctionnel, qui est moins coupable, se voyait frappé d'incapacités irrémissibles.

Qui peut demander la réhabilitation.

Tout individu qui a subi une condamnation à une peine afflictive ou infamante, à une peine correctionnelle à laquelle se rattachent quelques incapacités, ou à la surveillance de la haute police, peut demander sa réhabilitation lorsqu'il se trouve dans les conditions suivantes :

1° Il faut qu'il soit libéré de sa peine en l'ayant subie ou par l'effet d'une grâce ;

2° Il doit de plus être libéré de toutes condamnations pécuniaires prononcées à titre d'amende, de dommages-intérêts et de frais, soit au moyen d'un paiement effectué, soit par la remise qui lui en a été faite, ou qu'il soit dans l'impossibilité d'acquitter ses dettes en prouvant qu'il a subi l'épreuve de la contrainte par corps ou qu'il lui a été fait remise de cette voie d'exécution ;

3° Il faut qu'il se soit écoulé un délai de cinq ans depuis sa libération s'il s'agit de peines afflictives ou infamantes, et un délai de trois ans s'il s'agit de peines correctionnelles ;

Ce délai court, pour la dégradation civique et pour la surveillance prononcée comme peine principale, du jour où la condamnation est devenue irrévocable. Si la peine de l'emprisonnement a été jointe à la dégradation civique, le délai de cinq ans ne courra qu'à partir de la libération de l'emprisonnement ;

4° Le condamné doit avoir résidé pendant cinq ans dans le même arrondissement et pendant les deux dernières années dans la même commune si la peine était correctionnelle.

Comment la demande doit être formée et comment il y est statué.

La demande en réhabilitation doit être adresssée au procureur impérial de l'arrondissement dans lequel réside le condamné. Elle doit faire connaître la date de sa condamnation et les lieux où il a demeuré depuis sa libération. Le procureur impérial provoque, par l'intermédiaire du sous-préfet, les attestations délibérées par les conseils municipaux des lieux qu'il a habités; de plus, il consulte le maire, le juge de paix et le sous-préfet, puis il transmet les pièces avec son avis au procureur-général. La Cour Impériale se trouve dès-lors saisie de la demande en réhabilitation et, le procureur-général entendu, elle donne son avis motivé. Si l'avis est favorable, les pièces sont transmises au ministère de la justice, sur le rapport duquel l'Empereur statue.

Dans le cas d'admission de la demande, les lettres de réhabilitation sont envoyées à la cour qui a délibéré, et lecture en est donnée en audience solennelle.

Effets de la réhabilitation.

La réhabilitation laisse subsister le jugement de condamnation; mais elle opère en faveur du condamné la remise des peines qui le frappaient dans son honneur et dans sa capacité juridique, et le libère de la surveillance de la police. Elle fait de plus cesser pour l'avenir toutes les incapacités qui s'opposeraient à la jouissance et à l'exercice de ses droits.

POSITIONS.

I. — Le condamné pour récidive peut-il être réhabilité? — Non.

II. —Un condamné pour crime, après avoir obtenu sa réhabilitation, s'est rendu coupable d'un nouveau crime, doit-il encourir les peines de la récidive? — Oui.

III. —Les pensions perdues par l'effet de condamnations à des peines afflictives ou infamantes peuvent-elles être rétablies par la réhabilitation? — Oui.

IV. — Le banni est-il réhabilité de plein droit après l'expiration du terme de son bannissement. — Non.

V. — L'amnistie effaçant légalement jusqu'au souvenir de la condamnation, un délit postérieur donne-t-elle lieu à l'application des peines de la récidive ? — Non.

Vu par le président de la thèse,
CHAUVEAU-ADOLPHE.

Cette thèse sera soutenue dans une des salles de la Faculté.

Toulouse, imprimerie de Lamarque et Rives, rue Tripière, 9.

LOIS
CHAR

9 782019 994877